Inhalt

Kunststoffrecycling - Plastikabfall als Ressource

Kernthesen

Beitrag

Fallbeispiele

Zahlen und Fakten

Weiterführende Literatur

Impressum

GENIOS BranchenWissen Nr. 06 vom 20.06.2011

Kunststoffrecycling - Plastikabfall als Ressource

Anja Schneider

Kernthesen

- Das Kunststoffrecycling hat sich in Deutschland neben der Kunststofferzeugung und der Kunststoffverarbeitung als Wirtschaftsfaktor und Bestandteil der Kunststoffwirtschaft etabliert.
- Die Schätzungen über die Mengen an Plastikmüll sind vage und sehr unterschiedlich. Nicht nur die Weltmeere und deren Bewohner sind der zunehmenden Vermüllung durch Plastik ausgesetzt.
- Die Umweltkommission der Europäischen

Union will Plastiktüten künftig besteuern oder sogar verbieten.
- Kunststoffrecycling bietet aus rohstofflicher, werkstofflicher und sogar aus energetischer Sicht noch großes Potenzial.

Beitrag

Kunststoff ist der Werkstoff des Jahrhunderts

Am 7./8. Juni fand der 14. Internationale Altkunststoff-Tag statt, der zentrale Branchentreff der Kunststoffrecycler, die im bvse-Bundesverband Sekundärrohstoffe und Entsorgung e.V. organisiert sind. Das Kunststoffrecyceln ist ein wichtiges Thema, denn Plastik ist zum Werkstoff des Jahrhunderts avanciert. Die Verbraucher kaufen Bio-Äpfel in Plastiktüten, Kinder spielen mit Plastikspielzeug, der Anteil an Hightech-Plastik im Auto wächst kontinuierlich, Solarzellen, Windräder und Elektroautos brauchen Kunststoff. 2010 wurden nach Angaben von PlasticsEurope Deutschland e.V. in Deutschland 20,7 Millionen Tonnen Kunststoff erzeugt. Dies waren 18,8 Prozent mehr als noch im Vorjahr und entsprach einem Umsatz von 23,4

Milliarden Euro (plus 29,4 Prozent). Weltweit werden rund 250 Millionen Tonnen Kunststoff pro Jahr produziert. Bis 2015 sollen es 330 Millionen Tonnen sein, diese Angaben macht die PlasticsEurope Market Research Group. Doch was passiert mit dem Kunststoff am Ende seines Lebens? Er lässt sich wiederverwenden (recyceln) oder in Müllverbrennungsanlagen entsorgen - so geschieht das in Deutschland. Plastikmüll kann auch auf Deponien gelagert werden - die schlechteste Lösung, denn so wird das Material keiner weiteren Nutzung zugeführt und bleibt liegen. Ein enormer Anteil des weltweit hergestellten Kunststoffs wird allerdings in der Tat unkontrolliert beseitigt, rund achtzig Prozent des Abfalls landet als Plastikmüll im Meer - samt der in ihm enthaltenen giftigen Stoffe wie Weichmacher, Farbstoffe, Flammschutzmittel. Kunststoff zersetzt sich niemals vollständig! (1)

Müllkippe Meer

Fast gleichzeitig wurde auch der Welttag der Ozeane begangen, nämlich am 7. Juni. Aus diesem Anlass machten Forscher, Wissenschaftler und Umweltaktivisten auf die Bedrohung der Meere durch zunehmende Vermüllung mit Plastik aufmerksam. Plastikreste finden sich nicht nur dort, wo die Menschen Kunststoff produzieren oder benutzen, sondern an den entlegensten Orten der Welt. Mitten im Pazifik haben Forscher 18 000 schwimmende Plastikteile pro Quadratkilometer gefunden. In der Sahara wehen mittlerweile nicht nur Sandkörner, sondern auch Plastiktüten. Im Magen verendeter Seevögel finden sich Kunststoff-Teilchen aus Plastikmüll, also Überreste von Schaumstoffen, Flaschenverschlüssen, Plastikbeuteln oder Trinkhalmen. Albatrosse auf den Midway-Inseln sterben an verschluckten Kunststoffresten. Plastikstücke werden in den Mägen arktischer Eisvögel im hohen Norden Kanadas gefunden. Reste von Fischernetzen, Plastikbesteck, Getränkeflaschen, Badelatschen und Styroporstücke treiben im Meer, gefährden die Tiere und verrotten kaum. An Stränden in Großbritannien wurde festgestellt, dass jedes zehnte Sandkorn tatsächlich ein Plastikkrümel ist. Plastikteile lösen sich im Meerwasser kaum chemisch auf, bauen sich auch nicht biologisch ab, sondern werden in immer kleinere Stücke zerrieben. So sind sie zwar letzten Endes für das menschliche Auge kaum sichtbar, doch die winzigen, Mikroplastik genannten Teilchen sind fester Bestandteil von Meerwasser in allen Teilen der Erde. Die Schätzungen über die Mengen an Plastikmüll sind vage und sehr unterschiedlich. Nach Schätzungen des Umweltprogramms der Vereinten Nationen (UNEP) landen jedes Jahr mehr als 6,4 Millionen Tonnen Abfälle im Meer. Es gibt aber auch Schätzungen, dass bereits hundert Millionen Tonnen Plastikmüll in den Weltmeeren schwimmen. 250 Millionen

Kunststoffpartikel mit einem durchschnittlichen Gewicht von nur 1,8 Milligramm schwimmen im Mittelmeer, vermutet eine französische Umweltschutzorganisation. (2). (3), (4)

Kunststoffrecycling als Wirtschaftsfaktor in Deutschland etabliert

In Deutschland werden Kunststoffabfälle als Ressource genutzt. Das Kunststoffrecycling hat sich neben der Kunststofferzeugung und der Kunststoffverarbeitung als Wirtschaftsfaktor und Bestandteil der Kunststoffwirtschaft etabliert. Die Produktions- und Verarbeitungsprozesse haben sich kontinuierlich verbessert. Die Verwertung von Kunststoffabfällen ist klar organisiert.

Für die Kunststofferzeugung, den Verbrauch und den Abfall liegen folgende Mengenangaben vor (Daten für 2009): Die in Deutschland erzeugte Kunststoffmenge betrug 17 Millionen Tonnen. Damit hat Deutschland einen Anteil von etwa 7,5 Prozent am weltweiten Kunststoffausstoß. Für die Herstellung von Kunststoffprodukten wurden 10,7 Millionen Tonnen eingesetzt. Die gesamte Kunststoffabfallmenge betrug im Jahr 2009 rund 4,9 Millionen Tonnen. 97 Prozent der Kunststoffabfälle wurden verwertet, zu 41 Prozent werkstofflich, zu einem Prozent rohstofflich und zu 55 Prozent energetisch. Dabei ist der hohe Anteil der Verwendung von Kunststoffabfällen als Ersatzbrennstoff auffällig (rund 22 Prozent der Kunststoffabfälle). Ersatzbrennstoffe sind Brennstoffe, die aus Abfällen gewonnen werden (z.B. Altreifen, Sperrmüll). Die Beseitigung spielt mit nur drei Prozent praktisch keine Rolle mehr. [Abb. 1]

Die Kunststoffverwerter sind in Deutschland weitgehend mittelständisch organisiert. Im Bundesverband Sekundärrohstoffe und Entsorgung (bvse) sind 41 Unternehmen in der Aufbereitung und Verwertung von Kunststoffen tätig. Sie beschäftigen insgesamt 2 300 Mitarbeiter und erzielen einen Umsatz von 490 Millionen Euro im Jahr. Die größten und bekanntesten deutschen Unternehmen der Kreislaufwirtschaft sind Remondis mit einem Jahresumsatz von 5,4 Milliarden Euro und Alba/Interseroh mit einem Umsatz von rund 2,2 Milliarden Euro. (5), (6), (7)

Werkstoffliche, rohstoffliche und energetische Verwertung

Bei der Werkstofflichen Verwertung bleiben die Kunststoffe als Material erhalten. Die Makromoleküle bleiben unverändert. Sie werden zerkleinert oder gemahlen, gewaschen, Störstoffe werden abgetrennt, der Rest wird getrocknet und durch Schmelzen oder

Granulieren entstehen dann beispielsweise so genannte Granulate. Dieses Verfahren ist für alle thermoplastischen Kunststoffe anwendbar (achtzig Prozent der Kunststoffe). Es funktioniert im Grunde nicht anders als das Recycling von Glas oder Metalle.

Bei der Rohstofflichen Verwertung werden die riesigen Kunststoff-Molekülketten durch chemische Veränderungen (Hydrierung, Hydrolyse, Pyrolyse) in kleine Einzelteile zerlegt. Die so gewonnenen Grundstoffe können dann wieder zur Erzeugung neuer und auch anderer Produkte eingesetzt werden. Denn durch bestimmte chemische Reaktionen werden aus Kunststoffen wieder Rohstoffe. Daher wird dieser Prozess auch chemisches oder rohstoffliches Recycling genannt. Bei der Hydrierung beispielsweise werden Kunststoffe unter hohem Druck und bei Temperaturen von rund 500 Grad Celsius mit Wasserstoff behandelt. Dabei kommt es zur Spaltung der Kunststoffmoleküle und der Wasserstoff lagert sich an die Bruchstücke an. Als Recyclingprodukt fällt ein erdölähnliches Gemisch an. In einer normalen Raffinerie werden daraus Kraftstoffe, Heizöle und Rohstoffe für die Kunststoffproduktion gewonnen. Für eine Verwertung durch Hydrierung eignen sich alle Kunststoffe. Eine vorherige Sortierung der Kunststoffe ist nicht notwendig.

Kunststoff kann auch in Müllverbrennungsanlagen

entsorgt werden; dort dient der Kunststoffabfall als Ersatz für Primärbrennstoffe (Kohle, Erdöl, Gas), die entstehende Verbrennungswärme wird genutzt als Fernwärme, zur Dampfproduktion oder zur Stromerzeugung. Dies wird als thermische beziehungsweise energetische Verwertung bezeichnet. (8)

Europäische Union will Plastiktüten besteuern oder verbieten

In Europa werden rund 55 Millionen Tonnen Kunststoff jährlich hergestellt. Plastiktüten sind der Europäischen Union mittlerweile ein Dorn im Auge. In Europa wurden 2008 insgesamt 3,4 Millionen Tonnen Plastiktragetaschen produziert. Der durchschnittliche EU-Bürger verbraucht pro Jahr rund 500 Plastiktragetaschen. Allzu oft werden sie nur einmal benutzt, dann weggeworfen und landen als Müll im Meer. Eine Kommission prüft jetzt, ob eine Steuer auf Plastiktüten oder gar ein Verbot von Plastiktüten möglich wäre. Im Grunde waren man schon in den Achtziger Jahren auf einem guten Weg - warum sind die Verbraucher in Sachen Jutesack statt Plastiktüte wieder so nachlässig geworden? (9)

Trends

Biologisch abbaubare Kunststoff - eine saubere Alternative?

Die vermeintlich einfache Lösung der Recyclingfrage sind auch heute schon sogenannte "biologisch abbaubare Kunststoffe". Damit sind Kunststoffe gemeint, deren Molekülgerüst durch Umwelteinflüsse wie Sonnenlicht, Feuchte oder Mikroorganismen zerlegt und vollständig abgebaut werden kann. Man kann mittlerweile beispielsweise Joghurt von Danone aus biologisch abbaubaren Kunststoffbechern essen. Dabei handelt es sich um den auf Maisstärke basierenden Biokunststoff Polymilchsäure, kurz PLA. Er wird vor allem für Wegwerfartikel wie Verpackungen und Einmalgeschirr verwendet. Andere Beispiele sind so genannte thermoplastische Stärke, deren Rohstoffe aus Kartoffeln, Weizen oder Mais stammen oder die aus Bakterien gewonnenen Polyhydroxyfettsäuren (PHF). Es gibt aber auch Biokunststoffe, die nach wie vor auf Erdöl basieren oder Zusatzstoffe enthalten, denen Erdöl zugrundeliegt. Biokunststoffe lösen sich übrigens keineswegs so einfach von selbst auf. Sie müssen in Industrieanlagen unter bestimmten Bedingungen kompostiert werden. Daher gehören sie weder in die

Biotonne noch auf den Gartenkomposter, sondern letztendlich in den Restmüll. Werden sie kompostiert oder vergoren, entstehen Kohlendioxid, Wasser, Biomasse oder Biogas, die dann wieder in den Nährstoffkreislauf eingebracht werden können. (11)

Fallbeispiele

Plastic Planet

Plastic Planet, ein österreichischer Dokumentarfilm von Werner Boote, auf DVD erhältlich, zeigt die Auswirkungen der Allgegenwart von Plastik auf unserer Erde. (12)

Elbe wird zur Müllhalde

Die Vorschriften zu Müllentsorgung sind nicht in allen Ländern so streng wie in Deutschland. Auch nicht bei den EU-Nachbarn. So streiten derzeit Sachsen und Tschechien darüber, wer für die Entsorgung des Plastikmülls, der über die Elbe von Tschechien nach Sachsen gespült wird, verantwortlich ist. Durch das Elbe-Hochwasser im Januar wurden zuletzt Hunderte Kilogramm Plastik-Flaschen und anderer Abfall aus Tschechien ins

Elbtal gespült. In Bad Schandau mussten nach dem Januar-Hochwasser mit Baggern über 140 Tonnen Müll beseitigt werden. Ein Flaschenpfandsystem gibt es Tschechien nicht. (13)

Grüner Punkt steigt in Kunststoffrecycling ein

Die DSD Duale System Deutschland, besser bekannt als Der Grüne Punkt, hat einen neuen Besitzer. Die DSD wurde vom Finanzinvestor Solidus Partners übernommen. Die Unternehmensstrategie soll sich verändern. In Zukunft will DSD ins Recyclinggeschäft einsteigen und selbst Recyclinganlagen betreiben und die Produkte an die Industrie verkaufen. Der Grundstein hierzu wurde durch den Erwerb der Kunststoffverwertung der insolventen TPP Thermoplastics GmbH, Hörstel, gelegt. (14)

Auch Händler setzen auf recyclebare Kunststoffe

Der Umweltdienstleister und Rohstoffhändler **Interseroh** SE hat ein Kunststoff-Recyclingverfahren so verbessert, dass eigenen Angaben zufolge der neue Rohstoff qualitativ nahezu so gut sei wie die ursprüngliche Neuware. Dem Vernehmen nach planen die zur Rewe Group gehörenden **Toom-Baumärkte**, ab Sommer 2011 unter der Handelsmarke Genius Pro Wandfarben in Plastikeimern anzubieten, die komplett aus Recyclingkunststoff bestehen. Vor allem sortenreine Kunststoffe lassen sich einfach aufarbeiten und wiederverwerten. Bei **Aldi** dürfen nur transparente, unbedruckte Folien bei Verpackungen und Umverpackungen verwendet werden. Mit diesen lassen sich gute Erlöse beim Recycler erzielen. (15), (16)

Zahlen & Fakten

Abbildung 1: Kunststoffabfälle 2009

Anfallorte - Kunststoffabfallmengen in kt = Kilotonnen	Gesamt	Verwertung	Beseitigung
Gewerbliche Endverbraucher:			
Gewerbeabfälle über private Entsorger	887	863	24
Hausmüllähnliche Gewerbeabfälle über öffentlich-	152	148	4

rechtliche Entsorger			
Schredderbetriebe (nur Altkarossen) inkl. Autoverwerter & Reparaturwerkstätte	177	128	49
Sammel- und Verwertungssysteme für gewerbliche Verpackungen (auch Transport- und Umverpackungen)	287	287	0
Sonstige Sammlungs- und Verwertungssysteme (AGPR, Kunststoffrohrverband, Dachbahnen, Rewindo etc.)	76	76	0
Private Haushalte:			
Verkaufsverpackungen	1335	1335	0
Restmüll Haushalte	761	709	52
Sperrmüll Haushalte (z.B. Möbel, Teppiche, "weiße Ware")	167	163	4
Wertstoffsammlung (diverse Kunststoffprodukte, z.B. Rohre, Behälter)	46	46	0
E+E Schrott aus Privathaushalten, Gewerbe & Industrie	153	152	1
Erzeuger	68	66	2
Verarbeiter	822	820	2
Insgesamt	4.931	4.794	137

Quelle: Consultic Marketing & Industrieberatung

GmbH, PlasticsEurope Deutschland e.V. Entnommen aus: Produktion, Verarbeitung und Verwertung von Kunststoffen in Deutschland 2009, ("Consultic-Studie"), S. 10 (17)

Weiterführende Literatur

(1) Kunststofferzeugung in Deutschland 2010: Grafiken zur Wirtschaftspressekonferenz im Mai 2011 aus Handelsblatt Nr. 055 vom 18.03.2011 Seite 26

(2) Müllkippe Meer
aus Kölner Stadtanzeiger, 24.05.2011

(3) Welttag der Ozeane: Den Weltmeeren und vielen Fischarten geht es immer schlechter - NABU: Politische Ignoranz fördert Überfischung, Verschmutzung und Klimawandel
aus news aktuell, 2011-06-07

(4) Stöpsel, Tüten, Badeenten
aus Süddeutsche Zeitung, 14.05.2011, Ausgabe München, Bayern, Deutschland, S. 10

(5) Kunststoffindustrie trotzt der Wirtschaftskrise
aus Entsorga Magazin 10 vom 15.10.2010 Seite 024

(6) Erfolge beim Recycling
aus Kunststoffe - Werkstoffe, Verarbeitung, Anwendung, Heft 12/2010, S. 20

(7) Kunststoffrecycler im bvse erzielen 490 Mio ¬ Umsatz
aus Kunststoffe - Werkstoffe, Verarbeitung, Anwendung, Heft 12/2010, S. 20

(8) Kunststoffrecycling
aus Kunststoffe - Werkstoffe, Verarbeitung, Anwendung, Heft 12/2010, S. 20

(9) EU erwägt Verbot von Plastiktüten Umweltschutz - Der Umwelt zuliebe verbannt die Europäische Union schrittweise Glühbirnen. Dieses Schicksal könnte auch Tragetaschen aus Kunststoff ereilen: Nach Ansicht der Kommission landen sie zu häufig als Müll im Meer.
aus FINANCIAL TIMES Deutschland

(10) EU-Recht bringt Probleme für Recycler
aus VDI NR. 21 VOM 27.05.2011 SEITE 7

(11) Eine saubere Alternative?
aus Süddeutsche Zeitung, 14.05.2011, Ausgabe München, Bayern, Deutschland, S. 10

(12) "Plastic planet": Im Rausch der Weichmacher
aus Deutsches Ärzteblatt 23/108 vom 10.06.11 Seite 1335

(13) Wenn die Elbe zur Müllhalde wird
aus Sächsische Zeitung vom 24.5.2011 Seite 6

(14) Grüner Punkt landet auf neuen Geschäftsfeldern
aus Lebensmittel Zeitung 46 vom 19.11.2010 Seite 043

(15) Gelbe Tonne wird zum Ressourcen-Reservoir
aus Lebensmittel Zeitung 22 vom 03.06.2011 Seite 038

(16) Jede Menge Müll...
aus Lebensmittel Praxis Heft 09/2011, Seite 18

(17) Produktion, Verarbeitung und Verwertung von Kunststoffen in Deutschland 2009-Kurzfassung
aus Lebensmittel Praxis Heft 09/2011, Seite 18

Impressum

Kunststoffrecycling - Plastikabfall als Ressource

Bibliografische Information der deutschen Nationalbibliothek

Die Deutsche Nationalbibliothek verzeichnet diese Publikation in der deutschen Nationalbibliografie; detaillierte bibliografische Daten sind im Internet über http://dnb.d-nb.de abrufbar.

ISBN: 978-3-7379-2266-1

© 2015 GBI-Genios Deutsche Wirtschaftsdatenbank GmbH, Freischützstraße 96, 81927 München, www.genios.de

Alle Rechte vorbehalten. Dieses Werk ist einschließlich aller seiner Teile – z.B. Texte, Tabellen und Grafiken - urheberrechtlich geschützt. Jede Verwertung außerhalb der Grenzen des Urheberrechtsgesetzes bedarf der vorherigen Zustimmung des Verlags. Dies gilt insbesondere auch für auszugsweise Nachdrucke, fotomechanische Vervielfältigungen (Fotokopie/Mikroskopie), Übersetzungen, Auswertungen durch Datenbanken oder ähnliche Einrichtungen und die Einspeicherung und Verarbeitung in elektronischen Systemen.